ISAAC

ISAAC

Leïla Tov

www.leilatov.com

Édition : BoD – Books on Demand, info@bod.fr
Impression : BoD – Books on Demand, In de Tarpen 42,
Norderstedt (Allemagne)

Impression à la demande

ISBN : 978-2-3221-1503-7
Dépôt légal : Mars 2023

Je t'aime.

Ouhibouka.

Ani ohevet oth'a.

BLEU CÉRULÉEN

Ce jour-là, un vent vif et cinglant soufflait sa colère.
Tremblante et prise d'une soudaine fièvre de te
découvrir,
Tu trônais, là, devant moi, vêtu d'un épais manteau.
Bleu céruléen était sa couleur.
Ce bleu, chasse gardée des sultans et chefs de tribus
Qui marie les dunes aux cieux
Faisait ressortit ton teint cuivré
Et ta noblesse ottomane.

Lorsque je ferme les yeux,
Sur ma joue gelée,
Je sens encore le frisson des fibres de la laine,
L'odeur de ta peau musque qui m'enivre.
Malgré l'air glacé qui griffait mon visage,
Tu m'as ouvert tes bras en asile.
Étrangère, tu m'as pourtant étreinte
Comme un père serre son enfant.
C'est là, comme une évidence
Que l'instant intense me saisissait
Que je t'aimais à en perdre tous mes sens.

PAROLE D'UNE MER

Ô Isaac, digne héritier d'Abraham,
Au cœur pur et à la douceur de l'âme,
Pourquoi ne la regardes-tu pas ?
Aurais-tu perdu foi en l'amour de la Torah ?

Combien de fois as-tu navigué mes eaux ?
Combien de fois t'ai-je molesté les os,
Fais la promesse de briser ton vaisseau
Ou t'emporter dans le fin fond de mes flots.
Et pourtant, le lendemain, tu reprenais le cap
En pardonnant mes innombrables frappes.

Elle n'a commis qu'une seule erreur.
Mais ce sont les dix plaies qui s'abattent sur son cœur.
Ne la compare pas à Pharaon,
C'est une veuve meurtrie, elle mérite ton pardon.
Pour toi, pieds nus et en haillons,
Elle gravirait la montagne de Sion.

Ô Isaac, fils d'Hashem,
Si tu savais comme elle t'aime.
Je la vois tous les jours
Observer mes vagues et mon écume
Et sur mon corps émeraude
C'est ton visage qui la consume.

De mon liquide séminal

Je la pénètre toute entière,
Caresse ses seins et son ventre de mère
Et me régale de ses fesses de guerrière
Mais c'est ton sel, à l'intérieur d'elle, qu'elle espère.

Ne te trompe pas d'ennemi !
À la Mer qui confisque des vies
Vole des pères, des frères et des fils
Tu ne portes guère préjudice
Et pardonne ses nombreux vices.

Et à elle, Mère porteuse d'orphelins
Titubant sur son étroit chemin,
Tu lui soumets ton silence comme refrain
La condamnant à comprendre
Des mots que personne n'a su entendre.

Pardonner ma démence
Et ne pas lui offrir ta sainte clémence,
Telle est ta triste sentence.

Ô, Isaac, pauvre humain !
Sur Terre ou sur mer, vous humains, n'êtes rien !
Ne voue pas ta vie à la fuite et à l'exil.
Comme d'antan, tout n'est que péril.

Sois fier de qui tu es.
Avec tes failles et ton aura.
De l'Empire ottoman, tu tiens ta lignée.
Ton nom ne signifie-t-il pas « qui rira » ?
Alors, ris, vis.

Tends-lui tes bras.
Bats-toi pour cette Sarrasine
Contre ta rancœur qui te mine
Elle n'attend que ça.
Et de toute son âme, elle te chérira.

Car un jour, poussière de sel, votre corps sera.

CÉDER AU SEDER

Ce soir, au Seder, cède-moi ce souhait :

Être cette coupe de vin pourpre

Sur laquelle tes lèvres vont se poser

Lorsque le soleil ne sera plus que poudre,

Goûter à la saveur de cet élixir,

Mélangé à celle de ta langue et ton sourire

Et partager ce pain azyme

Pour me libérer de cet abîme.

Prisonnière de cette ivresse de toi,

Je passerai volontiers du vin rouge à ton vin blanc

Aux arômes salés et sucres persans brûlants

Que je puiserai à sa source avec émoi,

Pour inonder mes gorges profondes et graciles

Asséchées par ton absence et ton exil.

NUITS BLANCHES

Seule la rosée du matin est témoin

De mes nuits blanches teintées d'espérance,

À verser des larmes de chagrin

Qui, par leur sel à outrance

Blessent d'infinis pétales de jacinthe

Et souillent les racines de leur lymphe.

Des pleurs glissent, incessants,

Promesse à cette terre

Que mon misérable corps agonisant

Sous peu, elle en sera dignitaire.

Condamnée à vivre sans lui,

Que je périsse en suie.

OXYMORE

Tant de mots nous rapprochent
Pourtant, tant de mots nous reprochent.

Un père sémite, Ismaël et Isaac, deux saints frères
Que l'ignorance a soumis aux vents contraires.
Pourtant une seule et même main calligraphie
De droite vers la gauche, Shalam,
Celle de Fatma, les doigts parés d'or et de myrrhe,
Qui étreint ses fils contre son sein et leur clame,
Sans contresens, quelques notes de paix à la lyre.

Notre amour aurait été une bravade
À tous ceux qui prônent la haine en croisade.

Toi le soleil, moi la nuit.
Toi l'aurore, moi le crépuscule.
Toi l'étoile et moi le croissant de lune
Sans dhimma[1], ni dirhams,
Fils et descendants d'Abraham
Ont tous droit de règne sur les dunes.

---

[1] Terme arabe qui signifie le régime juridique auquel sont soumis les sujets non musulmans dans un État musulman.

BARBE ÉBÈNE

Comme une hirondelle déboussolée
Qui ne sait plus où est le sud du nord,
Mes ailes ne demandent qu'à se poser
Sur le vaste champ de ton corps.

Ta barbe ébène sera mon nid.
Tissée d'épis de blé noirs et dorés,
J'y élirai ma Sainte Patrie.
Terre arabe ou juive, la confusion est honorée.
Toison contre toison
Je t'ouvrirai le mont de mes merveilles
Pour que chaque épine vermeille
Me transperce de plaisir à foison.

J'abreuverai ta roseraie ébène
Par ma source brûlante et sucrée.
De ta bouche, tu m'élèveras au rang de reine.
À jamais, el Aziz je te nommerai.

MUSE

Que le temps est fade et cruel !

Il ne laisse aucune chance

De garder les beautés éternelles.

Les souvenirs ne sont plus qu'errance.

L'horloge lunaire tourne et broie,

Les Safars et les Iyars se confondent,

Écorchant ton visage d'ange

De toi, ne reste que ruines d'un empire

Que je croyais avoir conquis.

Rien que quelques traits, une esquisse

Griffés à l'encre et au charbon

Quelque part, au fond de ma raison.

Hélas ! l'artiste est mort et son génie glisse

Dans les fonds, les abysses

Où sa muse se noie.

PLAISIR PAR PROCURATION

Qu'importe le nombre de caresses ou de baisers
Que mon corps, avide d'extase et de volupté
Recevra d'inconnus ou d'élus.
Ce n'est que toi que je respire
Aspire, rêve et désire.

Au travers de leurs yeux perdus
Et visages crispés par le plaisir,
Aucune chance n'auront ces amants déchus.
Rien que toi possèdes ce droit divin de me ravir.

Même si je me laisse aller aux jeux, caresses et cris
Et que les orgasmes volent mon souffle,
C'est toi, Isaac, que mon corps sanctifie.

SILENCE

Insulte-moi

Frappe-moi

Je le promets,

Je ne crierai pas.

Je ne me défendrai même pas.

Mais par pitié,

Parle-moi.

Ne m'impose pas ce silence.

Ce silence assourdissant qui siffle et fracasse mes osselets

Contre la glace de ton indifférence.

REFLORAISON

Sur ce corps caramel et désert,

Privé de miel et de dessert,

Refleuris-moi de plaisir

Comme défloré secrètement

À l'aube de mes vingt ans

Où je découvrais les premiers néants.

Arrose-moi à torrent

De ton eau de fleur d'oranger.

Dans mes précieuses fentes naîtront des roses d'Ispahan

Aux senteurs éternelles d'Orient.

Sème en moi ta genèse

De citronniers et amandiers d'Andalousie

Qu'éclosent armada de jasmin, lys et lilas de Turquie,

Éclats fruités soumis à mes yeux de braise.

Livre-moi une guerre de paix et d'émois

Pour que s'écoulent sur mes bas de soie délicats

Des pétales ardents de coquelicots en cascade

Au pigment rouge grenade.

PRIÈRE MARINE

Dis-moi, ô vaste beauté bleue !

Au corps infini enfoui sous les cieux,

Peut-être que de l'autre côté de l'horizon

Tu vois celui qui fait battre mon cœur avec passion.

Son vaisseau blanc glisse sur ton flanc

Lui, heureux, libre, et frère du vent.

Protège-le de ton ire,

Lui tout entier me fait vivre.

Bénis-le, je te le confie.

De tes vagues, embrasse-le.

Comme j'ai envie de l'embrasser.

Il est ce que j'ai de plus précieux

Un diamant brut à la teinte basanée

Hélas, que je n'ai pas su faire briller.

Bouscule la rose des vents,

Va dire à ton armée de goélands,

Car lui ne m'entend plus,

Que quelque part, vers l'Ouest, à Fécamp

Une femme blême à la peau dorée,

Aux lèvres sèches et salées,

Aux cheveux ébouriffés l'attend.

Et qu'elle n'aime que lui, éperdument.

LEILA ET LE GÉNIE

Au hasard d'un souk à Istanbul,

Leïla trébuche sur une lampe

Enfouie sous une vague de soie et de tulle.

D'un génie, elle porte l'estampe.

Mille et une nuits qu'il attend

Las et patient, qu'on le libère de sa crampe

Du Créateur, il est le Léviathan.

Qu'importent les livres et les Psaumes,

Leïla croit aux contes et de sa paume, lustre le cuivre.

Apparaît un immense nuage de fumée écarlate

Laissant place à un génie à la force de Goliath.

— Ô Libératrice, je suis ton humble serviteur.

Pour te remercier, j'exaucerai trois de tes vœux les plus chers.

— Isaac ! Fais-moi aimer d'Isaac, lance-t-elle.

D'un rire démoniaque, le génie dit :

— Je ne peux contraindre un homme à t'aimer, noble libératrice. Je peux te couvrir d'or, de diamants, te bâtir les plus beaux et plus hauts palais, te faire pousser des forêts de roses et jasmins et mettre à tes pieds une myriade d'esclaves.

— Je n'ai que faire d'or, de diamants, de palais et d'esclaves. Si tu ne peux me faire aimer de lui, achève-moi sur-le-champ et mets fin à mon calvaire.

— Je ne peux tuer. Seul un Dieu a ce pouvoir. Je ne suis pas un Dieu.

— Tu ne peux m'offrir l'amour. Tu ne peux m'offrir la mort. À quoi sers-tu alors ?

— Je peux exaucer trois de tes vœux les plus chers.

— Très bien. Ô noble génie, offre-moi la plus belle des coupes de vin, au pied de thyrse et forgé dans les flammes de Vulcain.

D'un claquement de doigts, le génie fait apparaître une coupe scintillante en or massif et la tend à la jeune femme.

— Que ferais-je d'une coupe vide ?

— À toi de me le dire, noble libératrice.

— Remplis-la-moi du plus rare et du plus délicieux des vins de ce monde.

D'un claquement de doigts, un liquide rouge se verse en cascade dans le verre.

— Voici un élixir rare fabriqué à partir de la vigne de Dionysos.

Leïla amène la coupe à ses lèvres et se délecte de ce sang qui la transfère au paradis des extases. Pourtant rien, jamais rien n'égalera le délice des lèvres d'Isaac, au doux parfum de cerise.

— Il manque quelque chose à ce vin.

— Ordonne-moi, ô libératrice.

— Du cyanure. Quelques gouttes suffiront. Je n'en trouve guère ici.

— Mais le cyanure te tuera.

— Oui, il le fera. Pas toi.

— Soit. Ton troisième vœu sera exaucé.

D'un claquement de doigts, des gouttes de cyanure se versent dans la coupe de vin rouge.

Leïla boit ce poison divin et s'effondre sur le sable.

Heureuse de quitter ce monde.

Sans Isaac, il n'est plus qu'allégorie et fable.

VÉNUS DE SEL

Occupe mon corps,

Gravis ses monts cachés

Et ses collines inexplorées,

Ce nouveau Sodome et Gomorrhe.

Aux péchés intenses, toi seul l'honores.

Je ne promets aucune résistance

Sur cet autel de plaisir,

Où les rivières de miel coulent en élixir,

Je fais sacrifice de bienséance,

T'offre mille orgasmes,

Mille jouissances et phantasmes,

Abreuve-moi de ta Mer Morte fertile,

Fais de moi une Vénus de sel servile.

Cambrée ou allongée, je serai ta soumise.

Délecte-toi de moi à ta guise.

Mais par pitié, aime-moi.

Comme je t'aime sans foi ni loi.

RÉSISTANTE

Qu'on soit en 2022 ou en 1942
Jamais l'ignominie ne passera par moi.
Mon corps, mes seins, mes mains
Deviendront un bouclier contre l'indicible.

Que tu m'aimes ou pas
Je m'en fous
La haine ne passera jamais par moi.

Résiliente et résistante,
J'aurais fait exploser des trains,
Caché dans ma cave des âmes innocentes
Décousu de mes dents ces étoiles de la honte.

Pour toi, j'aurais été une étincelle dans les ténèbres,
Là où règnent les ombres en maîtres.
Même infime et infirme de toi,
Elle aurait fait jaillir ce qu'il y a de plus beau en moi.

JOUYOUB[2]

Tu n'es ni mon père ni mon frère,

Ni mon fils ni mon mari.

Et pourtant, c'est sans aucune pudeur,

Que je dévoilerai à tes yeux chastes

Le vertige de ma gorge.

Bouton après bouton,

J'ouvrirai mon chemisier en dentelle de Calais,

Effleurerai mes bourgeons rosés,

Comme pour les hâter de fleurir

Qui, avec l'audace de cette caresse

Pointeront et appelleront tes mains à la moisson.

---

[2] En arabe, signifie gorge.

ESQUISSE D'UNE NUIT

Vivre.

Oui, vivre.

Cent fois

Mille fois

Un million de fois.

Plutôt que de mourir en lâche

Et succomber à ce supplice

De ne pas exister à tes yeux.

Oui, vivre.

Rien que pour espérer,

Esquisser les contours de cette nuit

Où nos corps ne feront plus qu'un.

MASCARET

Toi, marin aguerri
Sait qu'il faut plus d'une tempête
Pour décourager un seigneur de la mer
D'avoir à portée de ses doigts l'horizon.

Une querelle entre nous
Et il a fallu que tu fuies
Comme si Poséidon abattait ses foudres sur toi.
Tu oublies,
Seul un Dieu peut venir à bout d'un autre Dieu.

Mais dis-moi, si j'étais la mer,
Cette autre que tu vénères
Avec qui tu es sans cesse en guerre,
N'aurais-tu pas surmonté mes courbes et colères ?
Ne m'aurais-tu pas rendu docile et rivière ?

Je n'étais qu'un mascaret sur l'estran
Que tu as élevé en tsunami,

Ne laissant derrière lui que ruines et désolation.

Pauvre et en guenilles,

Tu n'as pas vu la gabelle que j'étais prête à payer

Pour avoir ce privilège de trôner à tes côtés.

JARDIN SECRET

Si tu savais, ô, Isaac,

Tu resteras à jamais mon secret.

Ce nom que je ne pourrais que susurrer

Mais calligraphié en hébreu sur cette terre ocre

Arable et arabe qu'est ma chair.

Au fil des jours,

Le vent me vole ta voix.

Ton visage s'efface.

Les miettes qu'il en reste

Sont enfermées dans une petite boite en métal

À double tour

Enterrée dans mon jardin secret

Comme le plus précieux des trésors.

Des hommes passeront,

D'autres s'en iront.

Jamais ils ne sauront.

Qu'il n'y a que toi.

Jamais aucun

Ne me fera aimer

Comme je t'aime.

LEILA TOV

Leïla Tov Isaac

Bonne nuit el habib.

Écrire ces mots me déchire

Me désole.

Mais j'aime à penser que la nuit sera éphémère.

Je prie la lune et les étoiles en qui j'ai foi

Pour qu'elles te murmurent

De revenir à moi.

Leïla Tov Isaac chéri.

Sur terre ou sur mer,

Mon amour t'accompagne.

Infiniment.

À torrent.